ABCDEFG
HIJKLMN
OPQRSTU
VWXYZ

Illustrations : Stéphanie Millet

5, rue d'Alembert
91240 Saint-Michel-sur-Orge
Dépôt légal : 4e trimestre 2014
Loi n°49-956 du 16 juillet 1949
sur les publications destinées à la jeunesse.
Imprimé en Chine.

IMAGIER 100 MOTS

À l'école

Piccolia

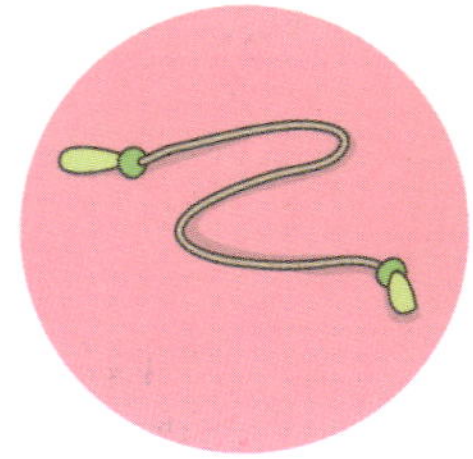

SOMMAIRE

L'école p 3

Dans la classe p 4-5

Dans la cour p 6-7

À la cantine p 8-9

Dans le dortoir p 10-11

Les activités manuelles p 12-13

Au gymnase p 14-15

La fête de l'école p 16-17

La sortie de l'école p 18

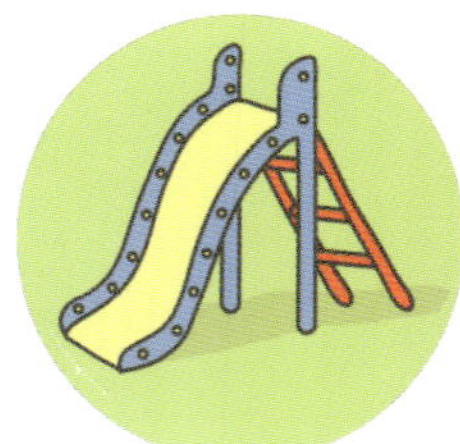

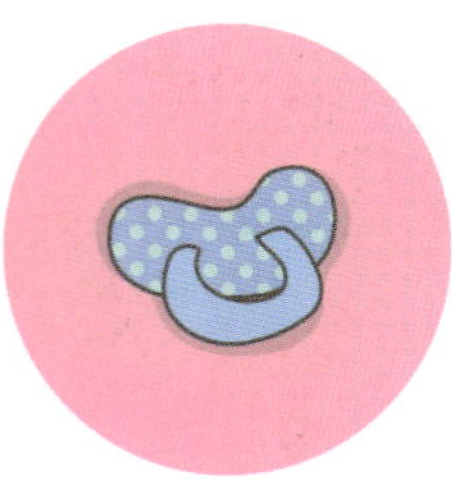

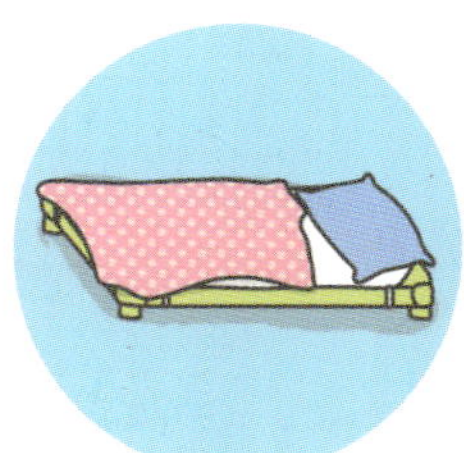

L'école

une maîtresse

un cartable

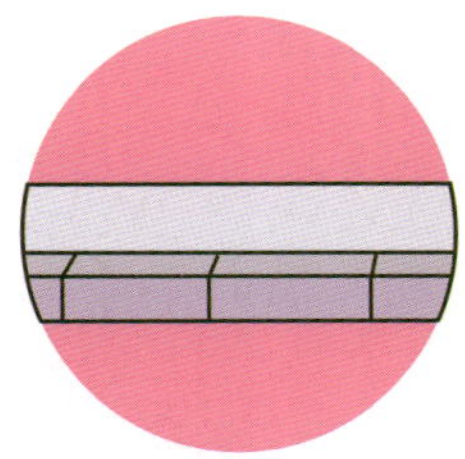

un trottoir

des fleurs

un autobus

un portail

un passage piéton

une horloge

Dans la classe

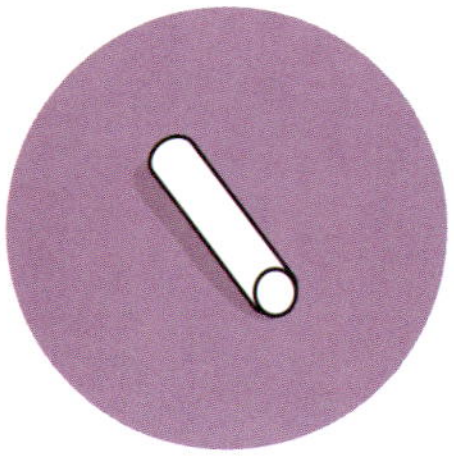
une craie

une ardoise

un téléphone

un alphabet

un tambourin

un tableau

une dînette

un tabouret

une guirlande

un jeu

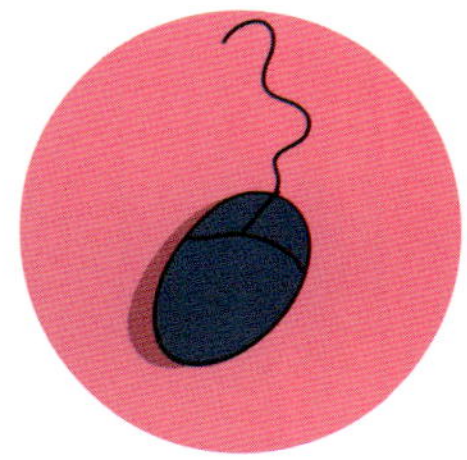

une souris

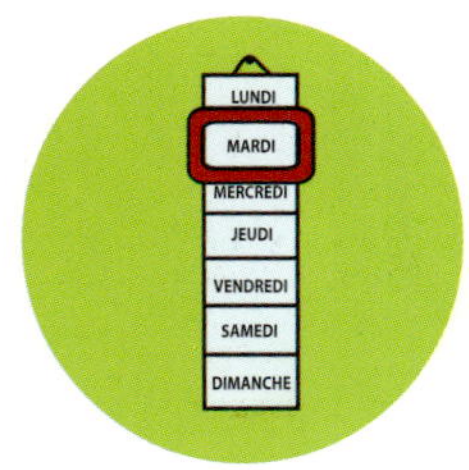

un calendrier

un ordinateur

une marionnette

des mouchoirs

un banc

Dans la cour

un seau

un arbre

une marelle

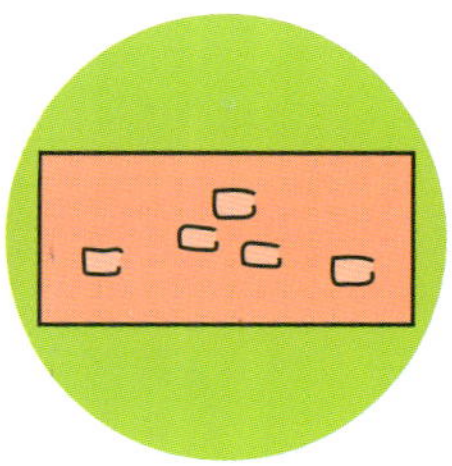

un mur

un râteau

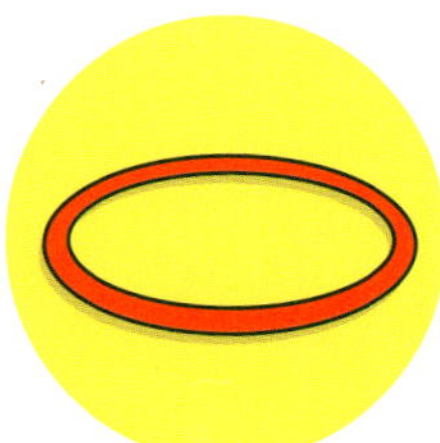

un cerceau

un plot

une draisienne

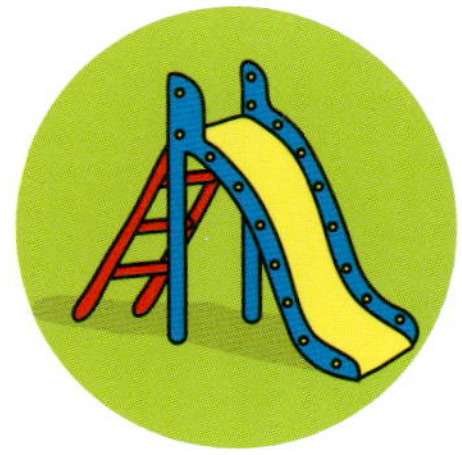

un toboggan

un buisson

une trottinette

un ballon
de football

une pelle

une cloche

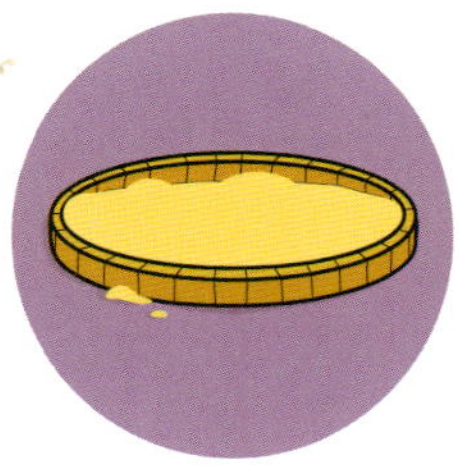

un bac à sable

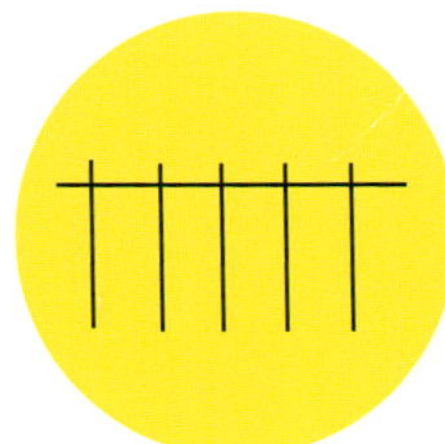

une grille

À la cantine

une marmite

une banane

une chaise

un chariot

une fourchette

un broc

une serviette

une affiche

un yaourt

un menu

une cuillère

un portemanteau

un plat

une table

une corbeille de pain

une louche

Dans le dortoir

une chaussure

un bac
à doudous

un livre

un lecteur CD

un oreiller

un lit

une veilleuse

un rideau

une tétine

une couverture

dormir

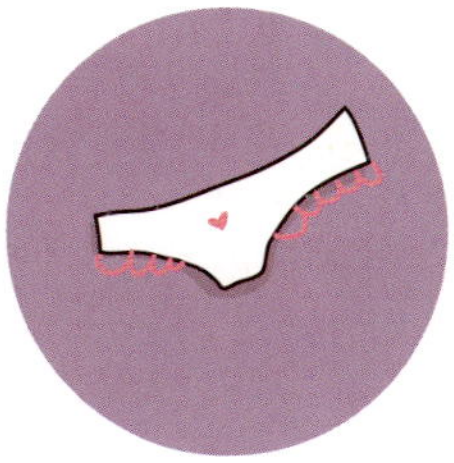

une culotte

une chaussette

un pantalon

un poster

un doudou

Les activités manuelles

des ciseaux

des livres

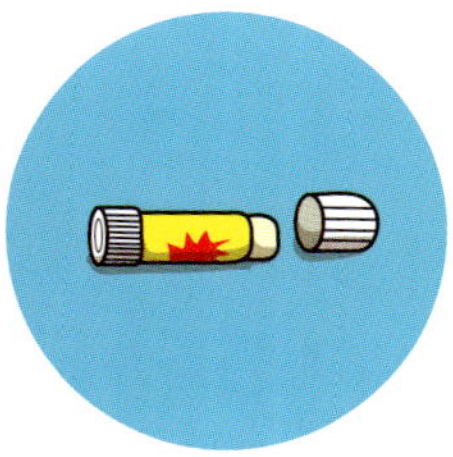

un tube
de colle

du ruban
adhésif

un lavabo

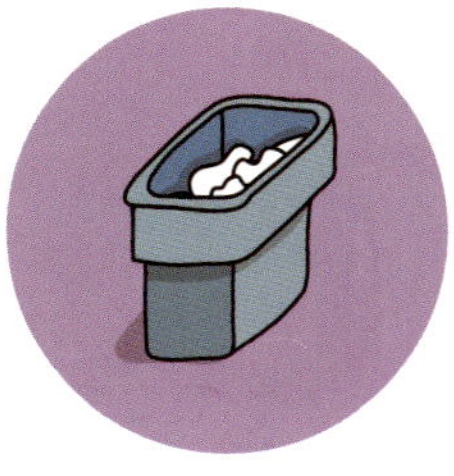

une poubelle

de la ficelle

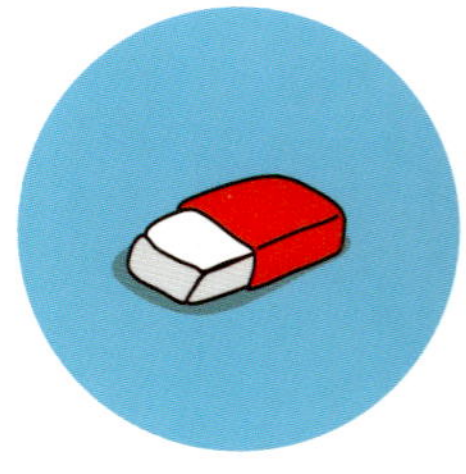

une gomme

une règle

des gommettes

un pinceau

du bricolage

de la peinture

des toilettes

un crayon

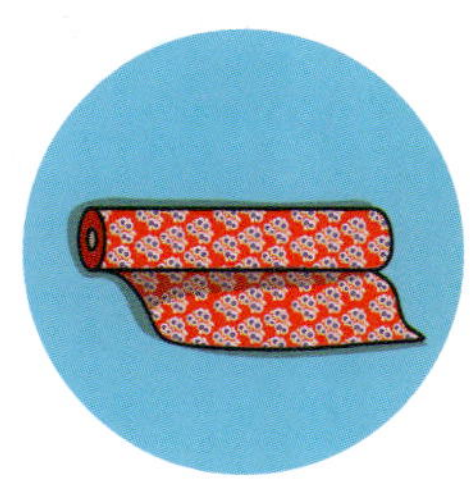

du tissu

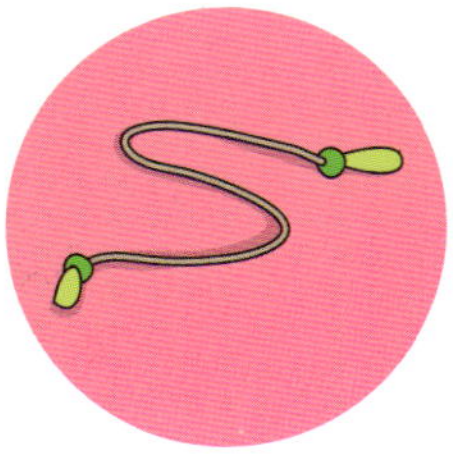

une corde
à sauter

un panier
de basket

un cerceau

boire

un banc

s'étirer

sauter

un ballon de bask

Au gymnase

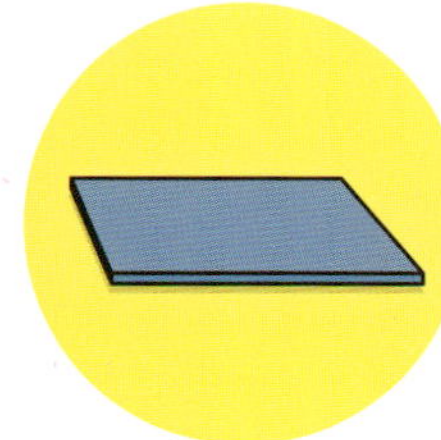
un tapis

une roulade

courir

une poutre

un trampoline

grimper

un vestiaire

un espalier

La fête de l'école

une caméra

une boîte
de conserve

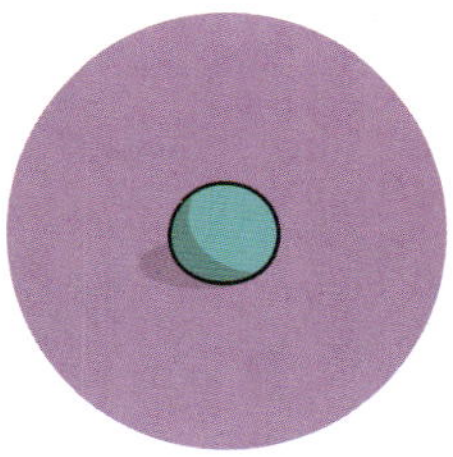

une balle

du maquillage

des bonbons

un cadeau

un appareil photo

un pistolet à eau

des ballons
de baudruche

un déguisement

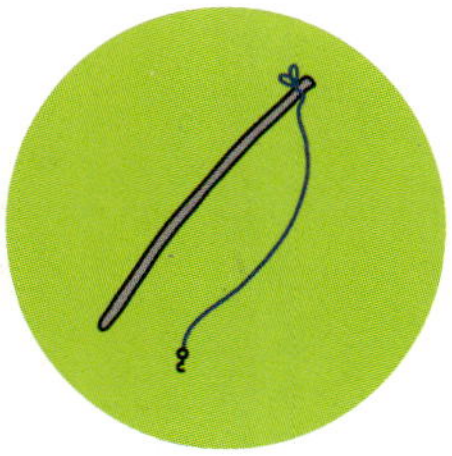

une canne
à pêche

une grand-mère

une banderole

un chamboule-tout

une pêche à la ligne

un miroir

La sortie de l'école

un manteau

un cartable

un doudou

un papa

une étiquette

des chaussons

un dessin

une photo

Jeux d'observation

Retrouve ces dessins dans les pages de ton livre.

un lecteur CD

un plot

une décoration

un seau

un doudou

un menu

du tissu

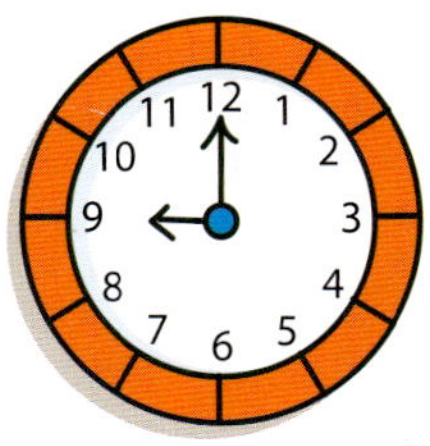

une horloge

des chaussons

Les nombres de 1 à 20

1

2

3

4

5

11

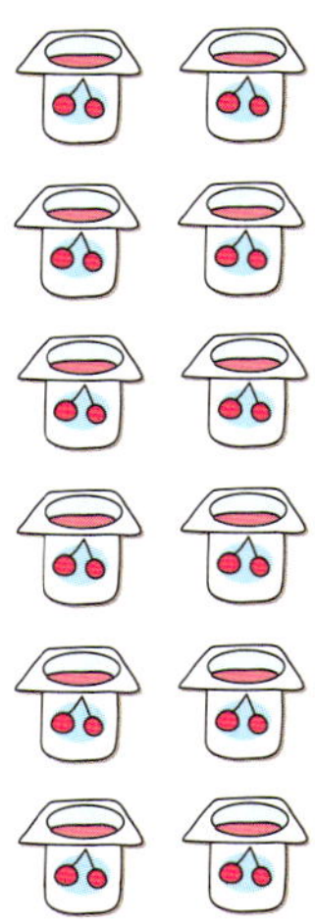

12

13

14

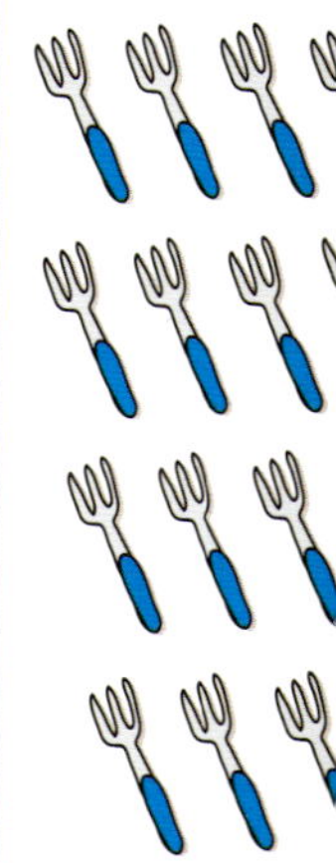

15

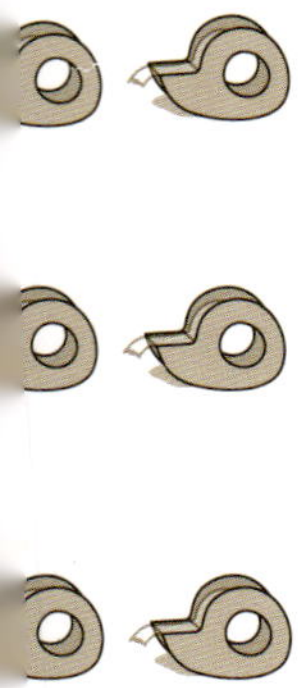

6

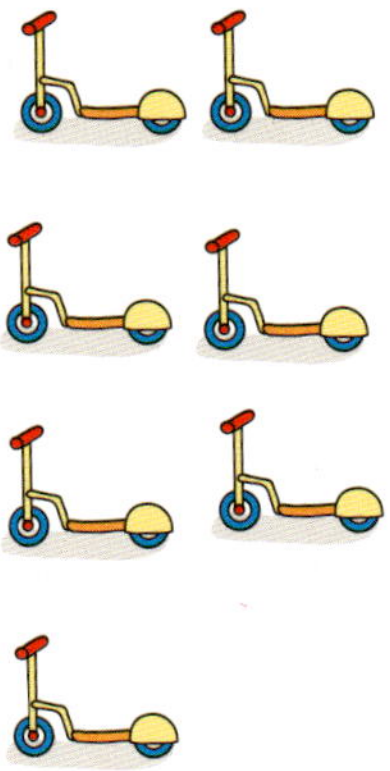

7

8

9

10

16

17

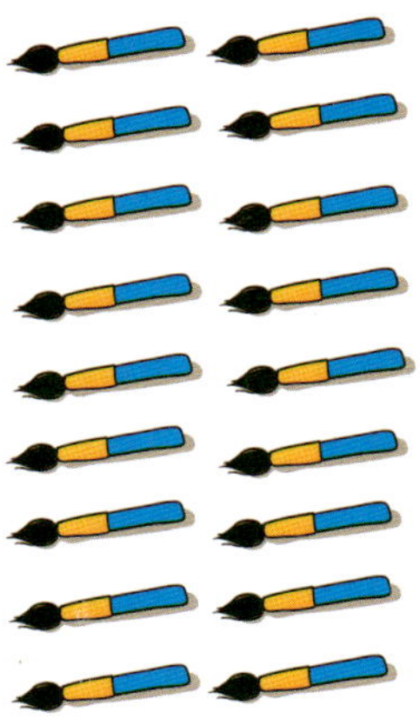

18

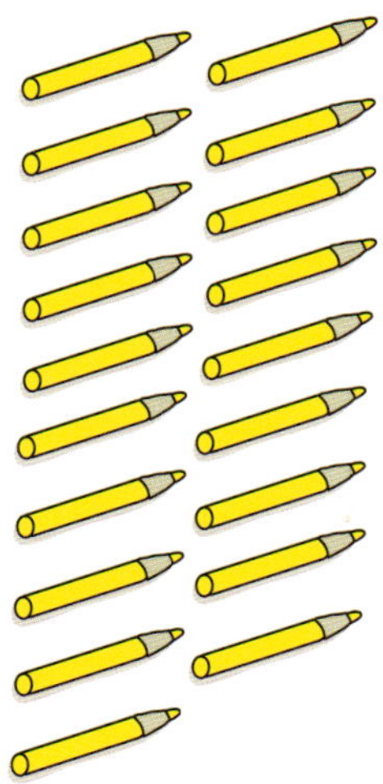

19

20

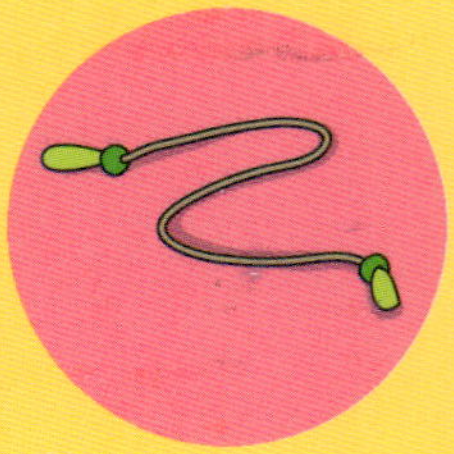

ABCDEFG
HIJKLMN
OPQRSTU
VWXYZ